누워서
　　본 하늘

김신성 시집

누워서 본 하늘

창조문예사

| 서문 |

다시 내 인생에 가을을 맞습니다. 그토록 푸르던 하늘이 야속하기만 했던 작년 가을, 저는 많이 아팠습니다.
마주보며 이야기할 수 없는 고독의 시간이었습니다. 침묵하며 가슴에 쌓이는 언어들을 놓칠 수 없어 붙들었습니다. 그렇게 푸념한 글들이 곱게 단장하고 시집으로 나온다니 설레고 감격스럽습니다.

지금 생각해 보면 성찰의 기회였습니다. 진정한 제 자아를 찾아가는 소중한 여행이었습니다. 아직도 아물지 않은 상처를 안고 날마다 생존과 씨름하지만, 그럼에도 불구하고 소중한 시를 잉태하고 해산하는 기쁨이 있기에 그분의 공평하심을 찬양합니다.

저의 아픔으로 더 큰 아픔을 치르는 사랑하는 나의 사람들, 세월이 흐를수록 존경심이 우러나는 남편 이동현 목사님과 아들 성원이, 커다란 산이 되어 감싸주고 지켜주는 그 지극한 사랑을 받는 저는 행복합니다.

눈물로 기도해 준 사랑하는 성도들, 가족들, 저를 아껴주신 많은 분들의 응원으로 다시 하늘을 봅니다. 그리고 저의 시심을 지도해 주신 김광휘 교수님과 발문을 써 주신 박이도 교수님, 정말 감사합니다.
　오래도록 빚진 사랑 갚을 수 있도록 더 열심히 살겠습니다.

　병상에 있으며 자주 걱정을 끼쳐 드려 죄송합니다. 미약하나마 병상에 계신 환우들과 마음을 나눌 수 있는 시집이 되면 좋겠습니다.
　그래도 저 잘했지요? 주님! 앞으로도 저의 여린 시심詩心을 풍성히 키워 주세요.

2012년 10월 1일
김신성

| 차례 |

• 서문   4

1부
고독, 고맙습니다

단풍잎의 추억	10
주님! 괜찮습니다	12
그분의 손에 맡기라고	14
호흡이 멈출지라도	16
나에게 절망이란	18
아름다운 황혼	20
새 소망	22
고독, 고맙습니다	23
우리 웃어요	24
사랑하는 사람들	26
묶어 두고픈 시간	28
주님!	30
불꽃	31
병실의 기도	32
방문객	34
삶이란	36
누워서 본 하늘	37
불면의 밤	38
깨어 있는 밤	40
꿈이 된 그리움	42
기다림	44
기도 속의 고요	46
잃어버린 너를 찾으며	48
나의 언어, 나의 노래	50
외로운 섬	52
고독이란	54
봄이 오면	56
아들의 눈물	58
침묵	60
방사선 치료	62
방사선 치료 끝나는 날이에요	64
오늘의 명상	66
겨울 숲길	68
이별이 서러운 건	70
봄도 서러워라	72
꽃밭에서	74

2부

커피 향내에 묻어오는 그리움

강가에서	76
목련 앞에서	78
복숭아꽃이 필 때	80
오월의 숲	82
아카시아 향기	84
하늘과 바다	86
여행	88
까보다로까의 등대	90
다뉴브 강의 유람선	92
종착역	94
중년의 풍경	96
보름달	98
봄산	100
거울 앞에서	101
아들 군대 가는 날	102
노인과 수레	104
바다	106
낙엽	108
갈대	110
커피 향내에 묻어오는 그리움	112
꿈	114
기다림	116
가을비	118
석양	119
코스모스	120
추억의 주홍 잎새	122
가시나무에 눈꽃 내려	124
겨울 소나무	126
눈과 바람과 햇살의 아침	128
잔설	129
눈꽃 나무	130

3부

목양의 뜰

부활절 아침에	134
함께 살아온 세월	136
고백하자면	138
그리움.	140
그대를 보내며	142
내 마음의 평안	144
순례자	146
오해	148
성전 건축	150
은아 엄마	152
병상의 집사님	154
겨울 아침	156
어리석은 사람	158
힘든 날	160
엄마	162
침묵 속에 나눈 얘기	164
조카의 죽음	166
동정녀의 몸을 빌어	168
스물여덟 개의 촛불을 켜놓고	170

• 발문 그리움은 형벌입니다_ 박이도   172

제1부 • 고독, 고맙습니다

단풍잎의 추억

이제 떠나야 할 시간
아름다운 추억의 시간은 멎고
절박한 공포의 순간으로 바뀌었구나
무엇이 두렵고 무서웠을까
오죽했으면 핏빛이 되었을까

더는 매달릴 수 없어
네게서 떠남이 죽음임을 알고
삶과 죽음의 경계에서
몸부림치던 절규가
오죽하면 핏빛이 되었을까

드디어 바람에 날리는 단풍잎
처절한 마침
문득
나의 내일을 보듯
외로운 단풍잎 하나 주워
내 일기장에 끼우며

"나라도 너를 기억해 주마"

무엇이 슬픔인지
삶이 왜 고독한지
오죽하면 핏빛이 되었을까.

주님! 괜찮습니다
― 암 선고를 받고

괜찮습니다
잠깐은 분리감의 공포가 엄습했지만
떼를 써야 할 이유를 찾지 못해
침묵했습니다
감당할 수 없는 눈물,
눈물만 흐를 뿐입니다
생각해 보니
지금 떠난다 해도 억울하진 않습니다
제 삶은 충분히 사랑받은 존재였기에 말입니다
설령,
다시 깨어날 수 없어도
제가 있을 곳은 성부의 집,
그러하기에 평안입니다

아직 못다 한 사랑이 있고
못다 이룬 꿈이 있고
지켜보고픈 자식이 있지만
지금은 내 힘으로는 아무것도 할 수 없는 시간,

오직
내 삶의 주인이신 조물주를 향해
입 안에서 읊조리는 고독한 독백 하나
주님! 괜찮습니다.

2007. 9. 12.

그분의 손에 맡기라고

암 선고를 받고
나는 나에게 물었다

"억울해?"
"인생이 그런 거지 뭐"
"그런데 왜 울어?"
"그냥 눈물이 난다"
"무섭지?"
"응"
"어떤 게 무섭니?
"상실…… 그리고 예측할 수 없는 미래……"
"혹시 죽으면?"
"편하겠지"
"떠나기 싫어?"
"아직은 머물고 싶어"
"그럼 떼를 써야지?"
"그럴수록 초라해져"
"그럼 뭐라고 기도할 건데?"

"주사 안 아프게 해달라고…… 수술도……"
"아직 자존심이 남은거야?"
"그거라도 남겨 둬야지, 무너질 때 되면 어련히 무너질까……"
"그래 너답다!"

나는 나에게 거듭 말했다
그분의 손에 맡기라고…….

호흡이 멈출지라도

다시 보는 세상에서 나는 행복했었다
나는 네놈을 이겨냈다며
희희낙락 안심하며 웃고 있었다

그런데
집요한 집착으로
결국 내 생명을 담보 삼으며
내 분신들의 영혼까지 가두겠다는 경고

하지만
타협할 생각은 없다
죽더라도
당당하게
그리고
감사하며 살겠노라 기도했다

사랑하는 가족이 아닌
내게로 왔음이 감사하다

50년 동안 여한 없이 산 것,
그리고
육신의 불꽃이 꺼질 때에 나를 영접할
천국이 있다는 것
지금은 내가 호흡하며
아직 달라진 것이 없음 또한 감사하다

이제부터 시작될
너와의 싸움을 통해
나는 더 강한 자가 될 것이란 믿음
어차피 나는
최후의 승리가 보장된 자이기에
호흡이 멈출지라도
예비된 면류관이 있으니까…….

암 재발 선고받은 날
2011. 9. 8.

나에게 절망이란

희박한 가능성을 기대했던 내게
"전과 동일한 암인데 부위가 넓어요"
의사 선생님의 말씀
메아리 되어 내 귀에 못이 박힌다
다시 부딪쳐 보자는 쓸쓸한 오기

괜찮다, 괜찮다
아직은
나에게 생의 의욕이 있어
감사할 뿐
살아 있는 시간이 부담스러워
모두가 외면하는 시간이 오기 전에
스스로 다시 일어서야 한다

또 한 번의 병력을 기록하고
뒤돌아보는 세월이 오면
자랑스러운 내 의를 격려해 줘야지

아직은

나에게 절망이란 없다

나의 아름다운 황혼을 봐야지

나는 하나님의 은사를 믿으니까.

MRI결과를 보고

20011. 9. 15.

아름다운 황혼

다시 찾은 숲 속
오랜만의 오솔길
나는 걸음을 멈추고
숲 속에 누웠다

나의 유년
바람 소리와 솔향기에 취해
달 뜨고 별 뜨는 총총한 밤하늘을 향해
미래를 꿈꾸고 노래 부르던
그 추억 위에 누워
잠시 숨을 죽인다

새처럼 노래 부르던 기쁨은
청춘의 이름으로 사라지고
누군이신가
지그시 눈을 감기고
새소리를 들으라 한다

쉬엄쉬엄 가자고
아직 갈 길이 멀다고 생각하던 지점에서
죽음의 사자와 맞닥뜨리니
지금, 나의 생존, 나의 존재
'청춘보다 아름답다'
나는 고백한다

숲 속에 누워서 본 하늘
아름다운 황혼
내 영혼이 사모하는 본향의 하늘이 보인다.

새 소망

어느 날 문득
대문을 박차고
죽음의 사자가 쳐들어왔다
나를 겨냥해 암 균을 침투시켰다
단란한 우리 가정에
공포와 침묵의 그림자가 드리워졌다

늪에 빠진 짐승처럼
서서히 침몰하는 나와 나의 의지,
이건 너무나 큰
나에게 마주친 시련이다

지상의 짧은 순례의 종말이
부활의 영광이 된
그분의 십자가를 내가 안고
새 소망의 날을 향해
감사의 눈물
사랑의 눈물
새 힘이 솟습니다.

고독, 고맙습니다

나의 가을은 이렇게 슬프게 지나가고 있다
고통을 끌어안고 좌절의 줄타기를 한다

이 결실의 계절에
나는 모든 것을 내려놓고
조용히 비우기로 했다
마음도 육신도 가벼이
오색 풍선으로 날고 싶다

내 고독의 말문이 열렸다
좌절이 소망으로 소생하는
이 평정심을 두고
"고독, 고맙습니다
주님, 고맙습니다."

우리 웃어요

여보!
미안해요
당신 의식 속에 들어 버린
번뇌와 고뇌
제 탓이에요
아프지 않았으면 좋았을 걸……
나도 어쩌지 못하는 현실을
당신은 더 큰 책임과 민망함을 안고
웃음조차 잃어버린 얼굴이
너무 가슴 아파요
우리 웃어요
처음 약속처럼 기쁘게 살자구요
예민한 통증 앞에
굴복하지 말고
우리 행복, 평안 뺏기지 말아요

웃을 수 없는 현실에서
웃는 게 소망이고

사랑이에요
제가 웃을게요
당신도 웃어요
드높은 하늘처럼
푸르름 간직하고
올곧게 가던 길 걸어요

당신이 내 옆에 있고
당신 옆에 내가 있어
행복한 동행 이루어 가요
사랑해요 여보!

사랑하는 사람들

아침에 눈을 뜨는 것이
결코 평범한 일이 아니었다

오늘도 깨어난 감격이 새로워
감사로 시작하는 삶
가야 할 본향을 가까이 두고
애써 외면할수록
밀착해 오는 죽음 앞에서
나는 거부하지 않기로 했다

다만
아직은 내게 사명이 있을 거라며
시간을 연장해 달라 기도한다
사랑하는 사람들!
보고 있어도 그립다
남편…… 아들……
부를수록 목메는 이름,
내 삶의 애착

생존을 향한 몸부림의 이유
결국은 부질없이
놓치지는 않을지……
아아!
하루가 지난다
"오늘도 감사합니다"
그리고
또 한 날을 맞고 싶다.

묶어 두고픈 시간

삶과 죽음의 경계선
선택의 결정권은 나에게 없었다
내려놓음을 통해 완전해진 자유
삶의 영역이든 아니든
묶어 두고픈 시간을 풀어 놓으며
다가오는 시간들 앞에 겸허할 뿐이었다

다시 찾은 의식의 공간
처절한 통증과의 전쟁
무서운 생존의 대가를 치러 간다
그러나
짜릿하다
통증의 순간조차
처절한 신음 소리조차
통제되지 않는 육체의 무기력조차

왜냐하면
나는 다시 호흡하고

식욕을 돋우며
의식의 공간에서
공존의 행복자로 살 것이기에
그리고
하나님의 착한 딸로 살 것이기에.

— 수술 후 의식을 되찾고

주님!

주님!
묻지도 말고
따지지도 말고
저를 불쌍히 여겨 주세요
물으시면
할 말이 없잖아요
연약한……
무능한……
병든 저를 불쌍히 여겨 주옵소서!
아멘.

불꽃

심지에 몸 담겨 있으니
설마 꺼지기야 할까?
간소화되어 버린 삶
생존에 필요한 수액과
항생제
영양 공급과 배설뿐

작은 섬에 정박하여 희미한 불빛 깜빡이다
아침을 맞는 낡은 배처럼
껌벅이다
잠들어 버리는 여윈 육체
꺼지지만 말거라
제발 꺼지지만 말거라.

병실의 기도

정지된 듯한 느린 흐름
갑갑함의 무게를
온몸으로 안으며
소외의 슬픔을 꿀꺽 삼킨다

남루한 육체의 쇠잔함은
에덴의 동산을 향해 서 있고
회복의 통로에서
깊어진 밤의 기운이
내 영혼을 습격할 때면
나는 다시 그분의 이름을 부른다

오 주님!
불쌍히 여겨 주옵소서
생명의 평안으로 인도하옵소서
밤에는 잠들게 하옵소서
살기를 원하나이다
내 노년을 보게 하옵소서

가장 평범한 기도

자식의 자녀를 보게 하옵소서! 주님!

방문객

병상에 찾아온 고마운 사람들
나를 보고 입을 다문다
그들 눈에 스치는 근심
'저러고 살 수 있을까?'
애써 찾는 위로의 말은
'힘내세요!'

멀뚱히 서서 바라보다
가라고 허공에 휘젓는
내 손짓에
발길을 돌린다
두고 가는 하얀 봉투
'맛있는 거 사 드세요'

다시 외로워진다
나도 따라가고 싶어
혼자 남기 싫어
병실의 적막에 눌려
핑 도는 눈물

그래도
그래도 고마운 것은
그리운 사람들이
간격을 두고
찾아와 놀아준다
저들의 목소리와 기도가
꽉 찰 때 병실은
행복한 공간이 된다.

삶이란

하나님!
삶이란 무엇인가요?
.
.
.
.
은혜라고요!

누워서 본 하늘

병실 창문으로 하늘이 보인다
바닷빛 닮은 쪽빛 사각형 하늘
서늘한 청명함에 울컥 솟는 서러움

'이번엔 쉽지 않을 거야'
상심하지 말자 다짐했지만
시간이 지날수록 이방인 된 서러움

평범한 일상이 그립고
무수한 계획이 날아간 허탈감
다시 또 저들과 공존할 수 있을까?

이젠 꿈꾸기보다
비워야 버틸 수 있는 연단의 시간
아아! 누워서 보는 하늘은 속없이 파랗다

가장 가난한 자 눈빛에
더욱 선명해진 하늘
그 영원한 나라.

불면의 밤

잠들 수 없는 밤이 다시 오고
깊은 밤 홀로 지키며
나는 나에게 물었다
"오늘 밤은 어떻게 보낼 거야?"
"오늘은 세월 속에 박힌 기억을 꺼내 볼 거야"

그날 밤 나는
소녀 시절로 돌아갔다
검정 교복 하얀 칼라에
두 갈래 댕기머리 내리우고
들길을 걸어
집으로 돌아오던 길
자전거 탄 소년이 기다려 주던
아름다운 들길
그때 무슨 말을 했는지
기억은 없다

다만
자전거에 책가방 싣고
나란히 걸어가는 영상을
쫓다 보면
한 걸음 한 걸음
힘겹게
새벽이 오고 있었다.

깨어 있는 밤

눈을 감으면
추락의 전율
놀란 육체의 몸서리
밤이면 밤마다
또렷한 별빛에
핏발 서린 뜬 눈

자고 싶다
아무 생각 없이 잠들고 싶다
욕심 없는 절규의 기도

편안한 자세로
편안히 잠들고 싶다
평안의 밤
주님 품 안의 안식

고요 속에
깨어 있는 밤이

무척이나 길고
어둡다.

꿈이 된 그리움

병상에서 꿈을 꾼다
산을 오르는 꿈
정원을 가꾸는 꿈
그림을 그리며
커피를 마시는 꿈
시를 쓰는 꿈
눈을 감고 하늘을 나는 꿈
사랑하는 이와
여행 가는 꿈
그리고
외로운 영혼에게 주님을 전하는 꿈

오늘도
털지 못한 병상에서 꿈을 꾼다
내일도 호흡하는 꿈을 넘어
내 아들의 아들을 돌보는 꿈
거울 앞에 앉아 염색을 하고
주름진 얼굴에 화장하는 꿈

아아!
일상의 소소로움,
간절함이 꿈이 되어
절박하고 처절한 이 밤의
그리움이 되었다.

기다림

깨어 있어 긴 밤
어둠속에서 기다리는 것은
우윳빛으로 다가오는 새벽,
아침 해는 오늘도 뜨겠지

벽을 향해 돌아누워
백을 세고
다시 천장을 향해 누워
백을 세어도
초침 소리는 더 느리기만 하다

병실 바닥에 누워
어둠의 터널을
새우잠 자며 동행하는
사랑하는 이의
지쳐 잠든 숨소리 애달프다

그러기에

눈물조차 아끼며
마음을 새롭게 하는 일
소망의 끈을 놓지 않는 일
주님의 은혜를 간구하는 일이
지금 내가 해야 할 일

기다리면
숙성의 시간을 거쳐
깊은 맛을 내는 포도주처럼
연회의 즐거움을 더하는
삶이 되리라

오직 그 믿음으로
아름답게 이겨 가리라 다짐해 보는
조용한 결단의 시간.

기도 속의 고요

잠에서 깨어나면 새벽 세 시
나를 다시 만나는 시간이다
주님의 이름을 부르는 시간이다
내 정겨운 사람들의 이름을 부르며
그들의 안위를 부탁하는 시간이다
새벽이 오는 길목
어둠과 정적이 압도한다

홀로 깨어 있는 공포를 잊으려
두 손을 모으고 주님의 이름을 부른다
'이건 아니잖아요! 주님'
떼를 써 본다
살려 달라 간청한다
스올의 뱃속에서 울부짖는
요나가 된다
욥이 된다
아아!
하나님!

오늘도 저는 살아 있습니다
감사합니다
기도 중에 찾아오시는
고요, 평안.

잃어버린 너를 찾으며

나를 변호해 주고 나를 표현해 주던
나의 언어는
어느 날
목젖을 타고 내려가
올라오지 않았다
처음 몇 날은 돌아오는 길을 잊은 거라 생각했다
설마 오겠지
하루가 지나고 이틀이 지나고
달이 바뀌어도 나는 입을 다문 채
너를 기다려야 했다
아주 나를 떠난 것은 아닐 거라며
울음 섞인 응얼거림으로 너를 찾기 시작했다
목젖 끝에서
어눌한 단어 한 마디씩 끌어올리며
아직도 모습을 드러내지 않는
너를 애타게 기다렸다
내 마음에 수많은 이야기를 담아 주며
밖으로 나오지 않는 너를 안고

내 가슴은 무너지다 못해
벙어리 냉가슴이 되어 갔다
'이제는 나와 주렴
이 지구 공간에 나의 이야기 들려주며
벗들과 까르륵까르륵 웃을 수 있도록
이제는 나와 주렴
네가 사라진 내 입술은
생존만을 위한 통로가 되어 간다'

오늘도 나는 입을 다문 채
네가 숨어 버린 작은 공간에서
깊고 어두운 통로를 빠져 나오려는
너를 애타게 기다리고 있다.

나의 언어, 나의 노래

언어의 상실감
시작되는 추락의 속도
언제까지일까
어눌한 목소리에
내가 놀라
꿀꺽 삼켜 버리고
소통의 통로가 막혀
단절되어 가는
민망함을 안고
나는
앞으로 어떻게 살지

닫혀가는 것은 입술뿐이 아니었다
마음도 닫고
영혼의 창문도 조금씩 닫혀가고 있다

눈물이 흐른다
소리치고 싶다

아아!
나의 언어, 나의 노래
상실의 동산에서
비통함의 터널을
지나가며
군중 속의 고독,
소외감과 겨루는 시간
하나님!
이 밤에는 연약한 여종의 언어를 만져 주옵소서
온전하게 하옵소서!

외로운 섬

이제는 바쁠 것이 없다
내 투병의 시간은
자연의 순리대로 가는 것이니까
해가 지는 때에
눈을 떠
창밖을 본다

스쳐 버렸던 풍경
놓쳐 버렸던 아쉬움
작은 풀잎의 이야기
해가 뜨면 소멸하는
아침 이슬의 투명함
땅거미 지는 창밖에서
서성이고 있다

지금
나는 외딴 섬에 정박한
외로운 섬

'고도'*를 기다리는 사람들처럼

물때를 기다리는

선하시고 완전함을

예비하시는 분,

고도를 기다리는

달인達人의 속마음이 된다.

  – 사무엘 베케트의 〈고도를 기다리며〉에서

고독이란

고독이란
슬퍼서 아름다운 것
외로워서 아름다운 것
삶이란 때로
고독한 비행을 한다

죽음과 바꾼 장애가 생겼다
선명하게 각인된
상처의 흔적을 볼 때마다 나는 외로워졌다
그러나 내 상처는
'내가 사랑해 줘야지
내가 지켜보며
쓰다듬어 주고
위로해 줘야지'
누군가의 위로를 기다리는
허약함을 버리라고
나는 나에게 말했다

사선을 빠져나온 영혼으로
살아야 한다는 의지를 가졌다면
가능하면
Self라는 단어를 기억하기로 했다

홀로서기 연습을 하며
나의 진정을 호소했다.

봄이 오면

지금 내가 누워 있는 광야엔
음산한 주검의 기운이 들고
척박한 대지 위에 황량한 바람 부는 곳
풀어진 동공 속에 비친
세상은 의미 없어 보이고
거친 광야의 싸움은 외롭다
그만두고 싶은 유혹
아니, 싸울 힘조차 없는 무력감
풀어진 다리를 추스른다
일어설 이유를 찾으며
한 걸음씩 옮긴 걸음으로
병상의 광야를 지나가고 있다
여린 몸부림은
조금씩 밀려가고
지금은 겨울
이제 봄이 오겠지
그러면 그토록 처절한 광야에도 꽃이 피리라

봄이 오면
들꽃 피어나는
은총의 정원이 되리라.

아들의 눈물

병원에 있는 동안
군 복무하는 이등병 아들의 마음이 아플까 봐
성지순례 간다고 했다
언제 돌아오냐 묻기에
한 달쯤 걸릴 거라 답했다

한 달 뒤
나를 찾는 아들의 전화를 외면할 수 없어
"아들이야?"
"엄마 목소리가 왜 그래?"
"여행 다녀왔더니 이가 아파서"
꼬치꼬치 묻는 아들에게 둘러대자
"엠씨몽은 이빨을 다 뽑아도 말만 잘하는데, 뭐야?"

두 달 뒤 아들이 휴가를 나왔다
기가 막혀 아무 말도 못하고 꺽꺽대다
나를 안고 우는 아들
아빠의 어깨를 안아주는 아들

세 식구는 말이 아닌 눈물로 묻고 답했다

아들이 말했다
"엄마! 마음이 너무 아프다!"

나는 마음이 아픈 게 더 힘들 것 같아 미안했다
하지만 아들이 아닌, 남편이 아닌, 내가 아파 감사했다
그날 밤
아들의 눈물을 보며
나는 살아야 한다는 명분을 찾은 듯
하나님께 구했다
'하나님! 아직은 더 살아야 될 것 같아요.'

침묵

침묵하고 싶어서가 아니다
목소리를 낼 수 없어서다
혀끝으로 열꽃이 터지고
아물지 않은 상처 위에
다시 쏟아지는 방사선의 힘을 견디지 못해
입안은 수류탄이 터진 듯한 상처의 동굴이다
미각을 잃고
언어를 거두었다
통증은 온몸을 다스리고
눈물은 의지와 상관 없이 흐른다
차라리 침묵하고 싶었으면 좋았을 걸
마음속에 쏟아지는 수많은 언어를
소리를 낼 수 없어 삼켜 버린다
서러움도 같이 삼킨다
표정 없는 얼굴에 어두움이 서리고
나를 바라보는 그이의 눈은 애처롭다
'시간이 약일까?'
그랬으면 좋겠다

입안에 타는 갈증,
냉수 한 모금씩 삼킨다
자유로운 것은 영혼뿐이건만
갈증이 섞인 영혼은
아름답지 않다
그래서 침묵의 기도
명상의 기도가 이어진다
온전한 육체의 회복을 달라고
기쁨과 감사를 훈련하겠노라고
그리하여 투명한 영혼의 소유자가 되게 해 달라고…….

방사선 치료

나는 치료 대기실에 앉아 있다
그곳엔 또 다른 사람들이 있다
저마다의 통증을 안고
치료자 이름이 나오길 기다리며
앉아서 기다리는 사람들
핏기 없는 얼굴
굽은 등
휘어진 다리
표정 없는 눈동자로
침몰하는 생을 힘겹게
건져 올리고 있는 그들 속에 나도 함께 있다
이름이 불려질 때마다
한 사람씩 일어나 치료실로 간다
고통을 체념한 듯 힘겹게,
나도 방사선 기계에 눕는다
얼굴에 고정 가면이 씌워지면
눈을 감고 기다린다
철커덕철커덕 기계 돌아가는 소리

감은 눈 속에 지나가는 빠른 빛들
비릿한 냄새
몇 분이 지나고 기계에서 내려온다
그날 또 역한 울렁거림이 시작된다
밤송이를 삼킨 듯한 입안에선
신음 소리조차 멈추었다
나는 다만 무심한 달력을 본다
몇 번 더 남았지?

방사선 치료 끝나는 날이에요

시작은 겁이 나
몹시도
주저하던 길
끝나는 지점이 있네요

제한된 구역
방사선 기계에
홀로 누워
기계 소리 듣던……

기계에서 내려오니
기사분이
친절하게
축하해 줍니다

나도 내가
대견해
웃으며
울었습니다

방사선실을
나오며
희망을
가집니다

아픈 날이 지나면
웃을 날이 있겠죠
진짜 치료는
이제부터 시작이에요.

오늘의 명상

겨울이 지나고 있기에
가시를 삼킨 듯한 나의 통증도
가실 줄 알았지만
그것은 바람뿐이었다
생존의 벽을 넘고 나니
남아 있는 육체의 장애
말을 할 수 없고
먹을 수도 없어
슬픈 나를 오래도록
다독여야 참을 수 있는
시간을 보낸다

어차피 끌어안은 고통
경건의 시간으로
아직 끝나지 않은
훈련의 시간으로
하나님을 더 많이
바라보는 시간으로

아직 소중한 내 영혼을 위해
단련하는 시간,
그렇게
숙성의 시간으로 감사하자.

겨울 숲길
– 남한산성을 오르며

겨울 산은 화장기 없는 민얼굴로 서 있다
이별을 치른 후
분신을 떠나보낸 후유증의 몸살로
건조하고 차갑다
그럼에도
그곳엔
공존의 어우러짐
곡선과 직선의 조화
높고 낮음,
굵은 나무의 우람함과
잔가지의 떨림
옷 벗은 나무와
초록의 침엽수
어디 그뿐인가
무거운 다리 쉬어 가라는
배려의 나무 의자
많은 이들이 이곳을 오르며
저들의 이야기를 한다

어떤 이는 정치인을 비판하고
어떤 이는 젊을 적 영웅담에 흥을 돋우나
겨울 숲은 말없이 들어줄 뿐이다
어우러짐과 관용의 동산
그리고
봄을 잉태한 어머니 같은 힘이
오늘도 나에게 많은 것을 베풀어 준다.

이별이 서러운 건

이별이 서러운 건
내가 먼저 육신의 옷을 벗기 때문이 아니었다
아직은 가야 할 곳이 더 있는데
여기서 내려야 하느냐는 물음표도 아니었다
가보지 않은 길을
혼자 가야 하는 야속함도 아닌
단지
논리가 아닌 충동이었다

남은 시간을 고이 접고 있는 내게
필요 없는 짓이라고
너는 금방 망각의 존재가 될 것이라고
속삭이는 충동질에
맥없이
하던 일 멈추는 게 서러웠다

그래도 남은 자를 위해
속죄할 뭔가를 해야 할 것 같은 내게
다시 속삭인다
'산 사람은 다 살아, 죽은 사람만 불쌍하지'

이별이 서러운 건

홀로 가야 하는 일이기에

참을 수 없는 고독이기에…….

봄도 서러워라

서러움 속에 겨울이 지나고
기다리던 봄
봄은 내게 희망이었다
그때쯤이면
미소가 돌아올 줄 알았으니까

하지만 봄의 계절 속에서도
다시 피는 숲만 바라볼 뿐
반복되는 목숨 부지하는 전쟁을 치르며
그래도
어제보다는 좋은 듯한 오늘

아직
목숨과 바꾼 장애로 인해
세상에 나오기가 두려워
홀로 있는 공간에
나를 가두고

대화가 아닌 문자로 소통하며
조용한 거실 오가는 삶이
결코, 결코 편할 수 없어
봄도,
봄도 서럽기는 매한가지네.

꽃밭에서

봄빛 화창한 날
눈뜬 생명이 꽃으로 피어나
주인을 기다리는 모종 꽃에
시선이 갔다
'우리집 마당에 심어 줘야지'

바람 부는 날
새 식구 맞이할 터 위에
부드러운 흙으로 갈아
모종 꽃을 심었다
아침마다
피어나는 꽃들이 인사한다
청초한 순수에 마음을 빼앗기다
관대해진 마음으로
시원한 생수 뿌려 준다
꽃들은 피고 진다
마당은 꽃들의 수다로
화려해진다.

제2부

● 커피 향내에 묻어오는 그리움

강가에서

늘 오르지 못해
하는 내게
강물은
내려감을 보여준다

더 가지지 못해
하는 내게
강물은
나눠주며 흘러간다

늘 두리번거리며
머물러 서는 내게
강물은
저만치서 손 흔든다

정박한 쪽배와
마주 누워
연정을 품고파도
머물지 않는 흐름

오로지

바다를 향한 해심海心 하나로

그렇게

흐르며

마침내 바다가 되는구나.

목련 앞에서

시린 땅에 뿌리내리고
겨울을 떨며 지냈다
앙상한 나뭇가지엔
허허로이 부는 바람
서러웠던 시간들
봄을 기다리는 여인의 속마음으로
'그래도 피어나야지'

그렇게
피어난 꽃이
환하게 미소 짓는다
분노를 걸러내고
쓴 뿌리의 독선도 걸러낸
순결한 모습으로
봄을 피워낸다

절제된 단정함
원한을 갖지 않는 착한 품성으로

오로지
가장 순결한 꽃을 피우기 위해
선한 영혼을 사모하며
긴 겨울
감내하고 감내하며 피워낸
하얀 목련 앞에서
나도 목련처럼 되어 나아야지.

복숭아꽃이 필 때

봄날에는 설레임으로
꽃밭에 서게 해 주소서

시리도록 외로운 땅에
뿌리내리고
겨우내 기다리던 봄날

동면을 깨우는
착한 바람에 눈뜨고
물기 어린 푸른 머리 단장하며

합방을 마친 신부의 볼처럼
불그레한 수줍은 빛깔
복숭아꽃이 필 때에

그 피어나는 꽃 앞에서
겨울을 지나온 이야기 들으며

봄날에
사랑을 꿈꾸게 하소서
봄비처럼 촉촉하게 세상을 적시는
풋풋한 사랑을…….

오월의 숲

너는 소리 없이 왔다
더딘 듯한 걸음이더니
이제는 화살 같은 기운으로
능선까지 감싸안았다

그 푸른 가슴에
안기고 싶어
쪼르르 달려가는 걸음
오늘도 나는 그 숲 속에 서 있다

굴레에 갇혀 묻어둔 꿈도
네 앞에서는 얼빵하게 내놓을 수 있고
눈물도 보일 수 있음은
너는 이미
그 길을 지나 푸르름을 피웠기 때문이다

짙푸른 숲의 자유
창공으로 벗어나는 소망
뭉게구름으로 피어나는

울창한 오월의 숲 속

훈풍이 내 마음을 간질인다
아직 삭풍의 한기를 기억하며
웅크린 내게
봄이라고,
가지를 뻗으라고…….

아카시아 향기

아버지의 외투에 남아 있던 냄새
냉장고 밑반찬 통에 숨겨져 있는
어머니의 사랑

그 향기 따라가면
문득
강화 망월의
고향 뜰

고무줄 넘으며
바라보던
유년의 뜰, 그 바다

아카시아야, 미안해
네가
일 년에 한 번
그 향기 전해 주지 않으면
난 언제나
찌든 어른으로 남아 있을 거야

네 향기로 일깨워 준
아득한 세월
그 시간 너머에서
팔랑팔랑
고무줄 타는
갈래머리 소녀.

하늘과 바다

마주보고 누워도
안을 수 없는 거리
그래서
애달픔은 수심처럼
깊어라

사랑하는 마음 하나로
바라본 세월

그래서인가
네가 웃어야 웃을 수 있고
구름이라도 덮이면
근심 어린 회색 물결

아침 햇살 받으면
물결 위로 뿌려주고
석양의 고운 빛도 나눠 갖는 하늘빛
바다는 어느새 나의 해바라기 되었다

껴안을 수 없어도
마주보며 나눈
억년의 세월
이제 혼자서는
지을 수 없는 표정

사랑은
서로를
바라보는 것인가

내 눈에는
수평선 끝에서 애무하는
바다와 하늘이 보이는데.

여행

설렘은
일탈 때문이다
새로움을 만나고
낯선 대륙에서 맞이하는
해돋이

잠깐 스치는 인연들도
언제나
헤어짐은 아쉽고
내일을 약속할 수 없는
나그네
여행자
육신은 물 먹은 솜이 되어도
마음만은 자유롭다

퐁피두센터를 오르내리고
오르세의 긴 복도에서 쉬며
그 세련된 거리를 우아하게 유람하여도

속에서는 묵은 김치 원하고
고추장에 풋고추 찍어
느끼한 속
달래고 싶은 본능
관성의 법칙인가 보다.

까보다로까의 등대

'여기서 대륙이 끝나고 바다가 시작된다'
나는 지금 유럽의 땅끝에서
카모잉스*의 절창에 귀를 기울인다

일찍이 이곳에 섰던 콜럼버스의 번민과
또, 한 나그네의 상념은 무엇이 다를까
그리고 이어지는 나의 눈길

보이는 것은 절벽 밑 바다뿐
시인은 시작始作을 보고
나는 지나온 흔적을 본다

바다 끝에서 바라보는
콜럼버스와 시인 카모잉스의
신념을 두고 나는 외면한다

나는 날개가 없다고
나무꾼이 내 옷을 훔쳐 갔다고
옹졸한 변명

까보다로까**의 등대를 등지고

뒤돌아 나오는 길

뒤꼭지가 뜨겁다.

* 포르투갈의 서사 시인

** 유럽 대륙의 서쪽 땅끝 마을

다뉴브 강의 유람선

헝가리 부다페스트에서
부다와 페스트를 공평히 가르며 흐르는 강 위에 오르다

부다와 페스트
서로의 역사를 공유한 채
유유히 흐르는 다뉴브 강의 강물 위로
유람선이 흐르고
요한 슈트라우스의 '아름답고 푸른 도나우'를 들으며 꿈을 꾸던
그 도나우 강, 도나피아
다뉴브 강에 오른 행복한 우리

서로의 역사를 보듬고
서로를 의지한 채
말없이 흐르는 흐름 위에서
남성다운 건강한 도시를 본다

어둠속에서 더욱 찬란한 불빛

도시의 역사를 조명하는 불빛은
강물에 쏟아지고
서로 기댄 어깨 위로 흐르는 침묵

응시하는
의식 속에 깨어나는
소망의 조명
우리 목양의 역사를 반추할 때
이같은 황홀함이 있기를.

종착역
−동생 형원이의 무덤 앞에서

결국 우리가 머물러야 할 종착역
한 평의 무덤이었지?
이곳에 눕기까지 여정
곤고뿐이런가?

아직은
저 넓은 세상에서 푸른 날갯짓하며
창공을 날아오를 40의 정상에서
숨 거두고 거기 누운 동생아!

봉인된 관 속에 너를 가두고
조용한 숲 속
모두의 기억에서 너를 빼려는 듯
반응하지 않는 너의 침묵을 두고

지울 수 없는 그리움에 사무친
부모님의 소리 없는 통곡을
듣기는 듣는 게냐

너의 떠남은 모두에게 형벌이 되었다

결국 우리 모두 네 곁으로 가겠지
글쎄 그게 언제일까

형원아!
제발이지
다시 돌아오면 얼마나 좋을까
이 무덤이 꿈이라면…….

중년의 풍경

산과 하늘이 맞닿은 능선
굴곡의 정상에서
하늘이 가까운지
동네가 가까운지
거리를 잰다

수많은 나무들의 사연을 안고
세월을 함께 이겨온
저 산등성이 풍경
그 굽은 등이 애처로운
나의 자화상 같아서……

이제는
산허리에 비치는 늦은 햇살처럼
넘어갈 시간을 재야 하는 중년의 고개
산 중턱에 자리 잡은 무덤이 보이고
작은 동굴에 누운 망자가 남 같지 않다

좀 더 관용하고
좀 더 묵상하며
좀 더 사랑하는
나 때문에 다른 사람이 조금 편해지는
밑지는 장사를 해야겠다.

보름달

해가 진 자리에
어둠이 차지한
검은 산등성이
경이로운 기품으로
유유히 떠오르는 보름달

달빛에 취한 눈동자
그리움에 목마른 자의 마음
언제나 새벽을 향해 가는 길
너는 검은 밤길 홀로 떠난다

고독함이 익숙한 듯
슬픔이 지나간 고요함
서두름 없는 안정됨
오늘은 적대감 거둔 둥근 얼굴

나는 너의 가슴에 기대
홀로 가는 길

동무 되어
너의 언어를 듣고 싶다

밤을 지나가는 언어
네가 바라본 지구의 이야기
장구한 세월 수많은 사연을
내 가슴에 안겨 주기를…….

봄산

봄산은
겨울을 말하지 않는다
그 추운 북풍에 대하여
그 혹독한 추위와 시련에 대하여

오로지
새 생명의 옷으로 갈아입은
연둣빛 향기로 말한다
그리고 은밀한 색정으로 눈짓한다

이윽고
봄은
해동하는 시내와 강물을
양수처럼 풀어
만물을 생산해 낸다
아주 풍성하게.

거울 앞에서

거울 앞에 앉아
마주 보는 여인

표정 없는 눈길에
격려의 미소 지어 준다

거울 속의 여인이
눈물을 흘린다

아마도
조건 없이 응원하는 눈빛이
그리웠던가 보다.

아들 군대 가는 날

아침 밥상을 차렸다
푸짐한 밥상에 둘러앉은 식구는 고작 세 명
아빠의 기도가 끝나고
밥숟갈 드는 아들을 보며
'요즘 군대는 편하데'라며 위로한다
가는 아들에게 무슨 위로일까만
그건 나에게 하는 위로
나이 들어 가는 군대라고
배웅도 아니 받고
엄마 눈물이 더 괴롭다는 아들 말에
애써 웃으며 보냈다

저녁이 돼도 아들은 오지 않는다
진짜 군대에 갔다는 생각
하루 종일
같은 하늘 아래 있어서 감사하고
일체의 비결을 배워
더 큰 사람으로 세워질 것을 믿으며 감사한다

건강 주시라고
안전하게 지켜 달라고
간절히 간절히 기도할 뿐이다
에미가 해줄 수 있는 유일한 소망이다
아들아!
사랑한다
밥 잘 먹고 잠 잘 자고, 알았지?

노인과 수레

노인이 끄는 수레에
어린 손자가 뒤따른다
수레 위에 쌓아올린
폐지 조각들이 나비처럼 나풀댄다

'할아버지, 언덕인데 괜찮아?'
밭은 숨 내쉬던 할아버지가 잠시 멈춘다
'난 괜찮아'

한 손만 수레 뒤에 건성으로 대고
또 한 손으로 초코파이를 들고 코를 훔치는 손자에게
'맛있냐?'
녀석은 씩 웃으며 대답한다
'응, 맛있어'

수레는 언덕 꼭대기에 멈춰 선다

할아버지 땀 닦으며

손자의 입가에 묻은 초코파이 자국을 닦아 주신다

'다 왔다'
지는 해도 웃어 준다
아주 넉넉하게.

바다

너는
은빛 날개 휘감으며 내게로 밀려왔다
나는 숨가쁜 호흡 몰아쉬며
한걸음 물러섰다

거칠지만 무례하지 않고
경계를 넘지 않는 절제와
깊이와
넓음이 있어
사모하는 마음 애달프고

푸른 눈으로 나를 바라보며
들어주는 푸념들은
깊은 수심에 풀어 놓는다

너를 만난 날
돌아서 올 때면
나는

네 푸른 심장으로 채워진다

너를 닮은

일렁이는 물결이 된다.

낙엽

나는 너의 떠나는 길을
지켜보고 있었다
머무르고 싶은 간절함
함께하고픈 갈망
그것을
버려야 자유할 수 있음을
나에게 가르치며
너는 나의 곁에서 멀어져 갔다

바람 따라 춤추듯 날아
한 줌의 흙으로
한 줌의 먼지로
다시 자연으로 돌아가는
영원으로의 향연

피붙이에 대한 지독한 연민도
사랑도
부질없이

각자의 길로
돌아서며
전쟁 같은 갈등을 내려놓고
훨훨 떠나는 길

지나온 봄, 여름
순간 순간을
상처가 아닌
추억으로 안고
날아가는 모습처럼
가벼워지거라

경쟁의 발자국에 부서져
신음하며
조각난 자존심 끌어안고
서러움을 감내하는
외로운 길에
훨훨 낙엽이 나부낀다.

갈대

바람에 나부끼는
은발의 머리
가둘 수 없는 바람은
갈대밭을 흔들고
멈출 수 없는 석양도
갈대밭을 지나며
함께 떠나잔다

의지할 것 없는 갈대
머물러 달라 애원하는 몸짓
나의 가슴 빈구석에
심어 놓은 갈대
내 가슴에서
흔들리렴

바다가 그리운 날
비가 오는 날
울컥 솟는 서러움 찾아올 때

나 가슴속
갈대밭으로 가리라

은발머리 풀고
바람에 몸을 실은
너의 노래를 들으며
곤한 내 영혼
가슴속
갈대숲에서
조용히 안아 주리라.

커피 향내에 묻어오는 그리움

코스모스 활짝 핀
오솔길
등산모에 빨간 고추잠자리가
내려앉는다

먼 추억으로 다가오는
기억의 저편에서
커피 향내가 코에 스민다

지금은 돌아갈 수 없는 날들
나는 아직도 철없는 소녀처럼
산딸기 밭에 주저앉아
한동안
산 너머에서 들려오는
뻐꾸기 울음소리에 귀를 기울인다

그림자 긴 오후
쏟아지는 햇살

쪽빛 하늘을 보면

고향 바닷가

고향 들길

어릴 적 동무들……

커피 향내에 묻어오는

그리움을

나는 가을의 풍경화로 담는다.

꿈

'언젠가는 되겠지'
버리지 못하는 미련과
선뜻 시작하지 못하는 안일의 늪에서
녹음진 5월도 잡아먹고
쏟아붓는 태양의 열기로 달아오른
8월도 지나갔다

'지금 해야지'
어설픈 각오를 비웃듯
시간은 속절없이 지나가고
텅 빈 껍데기를 안고
내일을 꿈꾸는
목마른 삶은
마냥
또 그 자리에 머물고 만다

집어던져 버리면
텅 빌 공간

채우지 못할 허기가 두려워
오늘 아침
다시 떠오르는 해오름을 안으며
퍼지는 햇살 쪽을 향한
중얼거리는 아픔 하나
'언젠가는……'.

기다림

초여름 절정을 장식하던 장미의 아름다움
너에 대한 기억은 꽃잎으로 흩날린다
영원히 머물 수 없는 존재

자아를 찾는다며
헤매고 다니던 오솔길들
지금은 다시 접어든 오솔길을 돌아나오지 못해
벼랑 끝이라도 보겠다는 너를 말릴 수 없어
계절의 끝에서 너의 발자국 소리 기다린다

나는 성경을 집어 들고
집 떠난 탕자의 비유를 읽으며
돌아오면 끼워줄 반지,
반지가 없음을
발견한다

언젠가 막다른 멈춤이 있는 곳에서
지쳐 돌아온

너의 어깨를 감싸안고
너그러운 시선으로
너의 애기를 들어 주리라는 마음뿐

나는
너의 부재를
가물거리는 기억으로만 확인하며
멀어져 가는 너의 잔재를 안고
가을의 끝자락
네가 밟고 간 오솔길 앞에 서 있다.

가을비

모두가 조용히 젖고 있다
상념 속에 갇힌 듯
숲 속은 고요하고
가을은 골짜기로 비켜선다

빗소리는
구슬픈 샹송이 되어
내 마음을 적시고
텅 비어 있는 머릿속에
저무는 골목길에 가로등 불이
비에 젖는다

홀로 떠나는
이별
가을비가 조용히
내 마음속에 젖고 있다.

석양
−하와이 코나에서

하와이의 석양은 노란색이었어요
백인 여인의 머릿결 같은 오렌지 빛

등 뒤에 선 당신이 말했죠
'우리도 늙겠지, 저 석양처럼'

전 말했죠
'저렇게 늙은 태양이 늙은 수평선을 애무하는 것도 멋있지 않아요?'

늙은 수평선이 이윽고
붉고 늙은 석양을 삼키고 났을 때
당신은 말없이
내 손을 그러쥐었어요

아 놀라워라
그이의 손아귀 힘은
의외로 세었어요
아 당신!

코스모스

너는 이 계절에도
그리움을 피워냈다
그리움을 찾아
긴 목을 드리우고

우윳빛 순결, 연분홍 그리움
꽃분홍 정열로 단장하고
못내 잊을 수 없는
뜨거운 응어리
바람에 식힌다

기다림에 지친 몸은
가슴에 품은 연정으로
야위어 가고
지금, 너는 욕망의 화신

욕심 없이
소유와 집착은 버리고

초연함과 여운만을 갖고
돌아가자

계절의 아름다운 기품
그대의 이름은 코스모스!

추억의 주홍 잎새

작별이 서러워 포도주에
취한 듯
그대의 붉은 빛깔은
차라리 피눈물입니다

지나온 계절의
추억을 담은 주홍 잎새
한 폭의 그림인가요

이제는 가야 할 시간
떠남을 가꾸는
그대의 섬세함
제게는 무언의 교훈입니다

가슴이 타 버려
토혈한 자줏빛
그 치명적 통증의 빛깔은
이제 당신의 자유입니다

섭리를 받아들인 자의 자유
영원한 안식입니다.

가시나무에 눈꽃 내려

불현듯 소리 없이 내려앉아
온몸을 감싼 당신
제게 순백의 옷을 입혀
어쩌시렵니까?

내 안에는
회색 욕망이 먹구름 같고
비워야 할 의식들은
채워야 할 것과 충돌하는
끝없는 갈증의 나목인데

당신이 오실 때마다
그대를 닮겠노라 수없이 고백하지만
오늘도 습관에 몸을 맡기고
뒤뚱거리는 절름발이의 삶

가시까지 감싸안은
순백의 옷을 입고

오늘이나마
아름답게 보아주는
누군가의 시선에 취해 버린
짜릿한 전율
제 가슴속에,
오래도록 간직하렵니다.

겨울 소나무

바늘 같은 초록 가시에
눈옷을 입었다
절벽에 뿌리내려
고꾸라질 듯……

휘어진
등줄기엔 가지 뻗어
가시 같은
푸른 잎 돋아내고

절벽을 움켜쥔
세월의 인고는
한 예술가의 선물이 되었다

바람을 탓하랴
절벽을 탓하랴
시리고 외로운 터 위에서
사모한 은총

마침내
고요한 침묵으로
절벽의 아득함 이겨내고
보여준
관용과 수용의 가치

누구보다 돋보이다.

눈과 바람과 햇살의 아침

고요한 순결의 아침
바람은 아직 깨지 않았다
새들도 날지 않는다
오로지 하얀 깃털 하나

뚜루룩뚜루룩
거실의 전화벨이 운다

눈꽃의 무게에
화들짝 놀란 나뭇가지
허둥지둥 내 어깨를 짚고

푸르륵
새 한 마리 솟아오른다
밝은 햇살 속으로.

잔설

산등성이 돌아갈 때
문득 눈에 밟히는 잔설殘雪

외로운 나무 한 그루

너는 외로운 바람에 시달리고
나는 홀로인 마음에 웅크리고

쉰 넘긴 여인
나무 부둥켜안고
입술을 댄다

'나 너에게 물 주고파'.

눈꽃 나무

감출것 없이 훨훨 벗고
욕심 없이
하늘을 향해
섰다

북풍에 지친 몸부림
고달픈 노래 부르며
오열하는 나무를
조용히 포옹하는 흰 눈

나무는
초야를 치르는 신부처럼 수줍어하고
함박눈은
합방을 끝낸 신랑처럼 나무를 감싼다

세월을 이겨 가는
가지 따라 핀 눈꽃
나무는 눈꽃에 묻혀
사랑의 꿈을 꾼다

기다림의 끝날

부드러운 애무로

온몸을 깨워줄 봄이 오면

눈꽃 닮은 봄꽃 피우리라는…….

제3부 • 목양의 뜰

부활절 아침에

갈보리 언덕
피의 비릿내와
살기 어린 미소가 뒤엉켜
순결한 생명을 잔인하게 살해하는
칼부림의 언덕 위에
목각처럼 매달려 죽어간 주검

저주의 삯
푸른곰팡이처럼 들러붙던
죄의 족쇄를 풀어주시기 위해
예수님의 겉옷을 나눠 갖는
욕망의 창에 찔려
저항 없이 죽으신 주님
다시 살아나시다!

어둠을 깨고,
죽음의 사슬도 끊고
'원수를 다 이기고 무덤에서 살아나셨네'

부활절 아침에
갈보리 십자가 망각한
시대의 타락 앞에서
크게 외치고 싶은 노래
'사셨네 사셨네 예수 다시 사셨네'.

함께 살아온 세월

이제는 주름진 이마에
흰 머리도 닮아
바라봄만으로도
알 수 있습니다

우리가 함께 살아온 세월
고만 고만한 상처를 안고
청춘을 살았으니까요

질주하다 목이 탈 때
우리는 만나고
서로의 상처를
어루만졌습니다

설익은 과일처럼
풋풋했고
타오르는 불꽃처럼
뜨거웠어요

오늘도 우리는 만났습니다
오리고기에 콜라잔을 기울이며
껄껄대는
무르익는 가을 저녁

그대들이 있기에
그대들과 함께하는
하나의 목표를
가슴이 식지 않아요
함께 가는 영원한 동지가 있어서…….

고백하자면

당신의 손을 잡았습니다
억세지도 않은 손
오히려 여린 손이었어요
여인네의 것처럼 나긋나긋하기까지 했어요
그 나이까지 책장만 넘겼으니까

그런 당신이
억세게 절 끌어갔어요
십자가 서 있는 그곳으로
아주 단호하게

함께 짐을 들자
함께 그것을 지자

그래서 끝내 눈 덮인 남한산성 골짜기
너른 광주 들판 끝자락에 던져졌어요

당신은 모진 사람

당신은 담대한 사람
지중해를 가르고
소아시아를 종단했던 사도 바울을
유난히 흠모했던 당신

좋으시겠어요
소원대로 됐으니
고백하자면
저도 행복합니다, 차고 넘칩니다.

그리움

그리운 것을 지우는 일은
형벌이에요
바람만 불어도
가랑잎만 부스럭거려도
되살아나는
그 기억의 끈질긴 생명력

비 오는 밤을 걸으며
가슴을 풀어헤쳐
바람을 맞아 보아도
당신을 향한
그 뜨거움은
식지 않아요

당신이라는
위대한 공간이
사라진 후에야
그 나라의 크기를

알게 되었으니

때늦은 학습
아쉬움뿐입니다.

그대를 보내며

어느 날
돌아선
그대의 등과

그대의
눈길 속에서
다른 그리움을 보았을 때

낯선 타인이 되어 가며 던져준
외로운 꽃이 가슴에 꽂혀
가시처럼 찔렀습니다

멈추지 않는 눈물을 닦으며
나는
그대를 보냈습니다

당신이 남겨 놓은
추억 몇 조각
기억의 내음

고이 접어
잠재울
망각의 꽃 심으며

당신의 그 자리에
묵상으로
채우겠습니다

주님으로만
주님으로만
채우겠습니다.

내 마음의 평안

주님!
주님 앞에서는 언제나
내 마음이 평안입니다
고요입니다

내 안에 주님 계시고
주님 안에 내가 있는데
고요 속에
일렁이는 풍랑

정욕의 거품
안목의 소욕
버려야 잠잠할
욕망의 보따리

풍랑이 일면
잠시나마
꼭 쥔 욕망의 주먹을
응시합니다

'주님!
그래요
이만하면 됐어요
이것도 사실 과분해요'
차오르는 풍요

주님!
주님 앞에서만
평안입니다
고요입니다.

순례자

세월은 강물처럼 흐르고
계절은 지체 없이 다가온다
봄이 오고
여름, 가을
겨울이
세월은 그렇게 간다

부질없는 집착은
한갓 남루한 욕망
이제
내 안에 비움의 공간
침묵하는 인내로
채우고 싶다

세월을 함께하는
네 옆에 내가 누워
은빛 갈대처럼
늙어갈 수 있다면

달구지 바퀴 구르듯
흐름에 몸을 던지고
머무를
목적지를 향해 항해하는
가난한 순례자가 되고 싶다.

오해

그게 아니라고
마음속으로 말했다
해명하려는 욕망을
거두니
공허함만 남는다

다시, 또 아니라고
수천 번을 곱씹었다
꿈틀거릴수록
침륜하는 수렁

울컥 솟는 억울함
꿀꺽 삼키니
슬픔이 번진다
쌓여가는 분노의 찌꺼기들

수렁의 늪 속에서
마비되는 감각은

흐르는 시간에 맡긴다
그리고 하늘을 본다

환상처럼
나를 향해 내민 손은
못자국 난 손

응시한다
그 손을 잡았다

내 오기와
독기는
날아가는
바람이 된다.

성전 건축

지붕도 못 덮은 골조 위에
찬바람 불더니
눈이 쌓이고
못질 소리 끊겼다

찻길도 끊긴
빙판 위로 걸어 나와
머문 그 곳에
그림자도 얼었다

한파와 상관없이
타는 가슴
불덩이 들어 있는 심장 식히며
바라보는 성전

중단된 망치 소리
다시 들리게
무심한 하늘 바라보며
토해내는 소원의 소리

보고 싶다
완성된 몸
높게 솟은 종탑
빨리 보고 싶다

지루한 겨울의 길목
빨리 지나고
봄바람이 불면
좋겠다.

은아 엄마

서른세 살 은아 엄마
병들어 누워 있다
꽃다운 나이가 더욱 슬퍼도
웃음으로 맞이하는 착한 사람

모진 고통 참아낸 수척한 모습
그저 맞잡은 손으로 얘기하고
서로의 시선 속에 오가는
무언의 언어들

움직임조차 버거운 쇠약함
그 절박함을 알면서도
어쩌지 못하는
무능함이 만난 자리

함께 있는 시간
슬픈 독백처럼 흩어지는 절망을 거두고
주님께 드리는
절실한 예배

가쁜 호흡 몰아쉬는 지체를
잠잠히 재우고
다시 돌아서 올 때면
가슴에 고이는 눈물

늦저녁, 그 영혼 가슴에 안고
아픔으로 외치는 절규
주님!
'은아 엄마는 아직 청춘이에요.'

병상의 집사님

언제나 섬김이 행복해
욕심도 없이
남의 아픔 제 가슴에 안고
돌봄으로 사셨는데

지금
병상에서
'나 죽거든 태우고
재는 굴뚝에서 흩날리라' 유언한다

암세포와의 싸움이
부질없음 아시는지
아무 저항도 없으시다

그래도
삶에 대한 미련
신음 속에 토해낸다
'하나님! 일 년만 더 시간을 주신다면……'

아! 제발
주님 정말이에요
왜 이리 안타까운 것일까요
이 삶의
고비는.

— 이인한 집사님 병상에 다녀와서

겨울 아침

겨울 햇살은
북풍 한파에 감겨
시체의 체온처럼
서늘하고

바람 소리는
유리창을 넘어
아직 열지 않은
가슴으로 스며든다

영원으로 떠나는 지체
또 한 사람을 보내는 허망함
잠든 자는 평안하고
살아 있는 자는 절규한다

천국은 기쁨이겠지?
슬픔 속에 그려보는 천국
애통에 갇혀 그려지지 않는
기쁨의 나라

시간의 줄을 타고 이동하듯
햇살은 넓게 퍼진다
시간의 줄을 타고 우리들은
오늘도 종착역을 향해 간다

유족의 어깨를 안고
성도들과 조가를 부르며
사랑했던 지체의 천국 가는 길을
배웅하는 겨울 아침.

어리석은 사람

잡초 속에 파묻혔던 황무한 땅
엄청난 대가를 지불하고 성전 기초를 파기 시작하여
생각지 못한 암석들을 만나고서야
비로소
당신이 죄인 된 우리를 선택하고 치러내셨던
사랑의 크기를 알아가는 것 같습니다

설계도와 상관없이
불쑥불쑥 터지는 돌출음
폭죽 같은 요란한 소리를 내고서야 맞춰지는
고달픈 건축 과정을 겪으며
다시 또 당신의 계획에서 탈선한
삐뚤어진 우리의 영혼을 고치시기 위해 흘리신
당신의 눈물, 당신의 겸손함을 알 것 같습니다

그러나 머지않아 아름답게 지어질 성전
 지극히 작은 것으로 드리지만 아름답게 이루실 성전
을 기대하며

우리를 거룩한 성전으로 지으시기 위해
아낌없이 당신의 전부를 내어주신 그 이름 앞에
그저 작은 모습으로 섭니다

우리를 성전다운 성전으로 만들고
우리 안에 많은 나그네를 품게 하시려는
당신의 은총 앞에
이제 어리석은 사람은
당신의 성전을 짓겠다던 허상을 내려놓고

이제야
왜 이 일을 허락하셨는지……

결코 우리의 드림이 아닌
당신이 우리를 향한 또 다른 사랑의 시작임을
이제야 조금 알 것 같습니다.

- 성전 건축 중에

힘든 날

나 할 수 있으면
피라도 팔까
장기라도 팔까
그러면
조여 오는 숨통은 트일 텐데

아니
그까짓 피 얼마나 된다고
누룩처럼 불어나는
청구서는
비웃듯 쌓이고

뻔한 거절 알면서도
수화기 버튼 누르는
그이의 손은
썩은 동아줄 잡듯
천천히 움직인다

나는 왜 가난할까
이럴 때 폼나게 쓸 수 있음
얼마나 좋을까
뜬구름 잡듯
부질없는 생각에 잠기고

아득한 길목에서
열꽃이 터진
남편의 입술에
묵은 꿀 발라주고
나도 꿀먹은 벙어리 된다.

— 성전 건축 중에

엄마
-어버이날

'많이 먹거라,
키가 크니 배도 쉬 고프지'
큰 키까지 애달파했던 엄마

고만 고만, 무거워 엄마,
가락시장에서 다 살 수 있어
'그래도 그래도'
봉다리 봉다리 싸 들고
해지는 동구밖까지 따라오시던

그 엄마는
꿈길만을 밟고 오신다

엄마

이제는 용돈도 드릴 수 있는데
해외여행도 보내 드릴 수 있는데
번듯한 투피스도 사드릴 수 있는데

이 한 송이 종이꽃조차
꽂아 드릴 수 없는
꿈길 위에만 서 계신
엄마.

침묵 속에 나눈 얘기
– 부모님 산소에서

지친 마음 안고
산길 헤치고 올라오니
문도 없는 둥근 집
청산에서 반기는 비석

무덤 위엔 들국화 피고
고개 숙여 묵념하는
이슬 맺힌 눈동자에
아련히 서리는 님의 미소

무덤 곁에만 있어도 푸근함은
내 생명을 잉태하고
사랑으로 품어 주신
충만함이기에

망각의 뒤안길에
진토가 되셨어도
내 골수에 흐르는 피는
님들이 주신 생명입니다

석양의 빛깔만큼 곱던
님들의 따뜻한 사랑은
여전히 지친 내 어깨를
감싸 주고

두 분 누워 계신 무덤에서
침묵으로 나눈 얘기들은
다시 뛰어드는 세상에서
얼마간 또 다른 힘이 되겠지요.

조카의 죽음

언니의 울부짖는 소리가 전선을 타고 들려온다
'우리 신애가 죽게 됐대!'
감전되듯 전해진 충격
결국 꽃다운 나이를 등지고
조카는 언니 가슴에 묻혔다

산다는 것은 무엇일까
조문객의 가슴에 던지는 물음,
국화꽃 속에서 생글거리는 영정의 미소는
무덤덤한 길 달려온 이들을
울게 하고

말로는 표현 못하는 위로의 몸짓들
하지만
부모의 애통을
무엇으로 채우랴
채울 수 없는 허기로
평생을 짊어질 거대한 슬픔

꺽꺽 가눌 수 없는 몸에서 터지는 절규
돌이킬 수 없는 딸의 맥박을 놓고
울부짖는 허탈한 이별의 몸부림
돌아간 자식 자리에 채워진
잿빛 어둠,
어이하라고……

스물아홉의 선명한 피는
순간의 사고로 얇은 나무관 속에 묻히니
산다는 것은 무엇일까
육신은 결국 한 줌의 재로 나오고
조카는 혈육의 가슴에서 살기로 했다

앞으로 경험할 그리움의 무게
평생을
추 달린 줄처럼
무거움을 벗 삼아 걸어갈
늙은 부모의 여정이
더욱이 가슴을 에인다.

―신애의 죽음 앞에서

동정녀의 몸을 빌어
 - 성탄절

세상을 보기가
오죽 민망했으면
동정녀의 몸을 빌어
마구간 말구유에
핏덩이 아기 예수를 누이고
하나님, 그분의 마음은 어떠셨을까

순결한 주님 모실 자리에
비워야 할
고집과 불순종을 뿌리박는
죄인
이 한 몸을 위해
그 순결한 몸을
죄악된 세상에 담그고
그 모욕을 감당하셔야 하다니

그럼에도
변함없이

오늘도 나는
나의 콩만한 의로움을 드러내기 위해
내 목소리를 높였다

고요한 밤 거룩한 밤
나의 찬양은 흐느끼기 시작한다
예수님은
억울함을 어떻게 감당하셨을까?
아기 예수로 마구간 구유에 뉘어질 때
그 낮아짐을
감당하신 주님!

성탄절에 물었다
충혈된 눈을 감고
그분을 닮을 수 있느냐고……
아니, 다그쳤다
닮아야 한다고.

스물여덟 개의 촛불을 켜놓고
― 평화교회 28주년을 기리며

초심은 번제물이 되겠노라 했습니다
그 세월……
눈물과 한숨은
그분이 떠안아 주셨지요

어느 날부터인가
주를 위해 죽겠다던 번제물은
자꾸만 꿈틀꿈틀 살아
움직이고,

그럼에도
교회는
그분의 품 안에서
쑥쑥 컸습니다
그렇게
28년의 세월
이제는
가득히 채워주시는 부요로 감격하고
신실하신 주의 사랑 앞에 무릎을 꿇을 뿐……

연둣빛 바람이 붑니다
이맘때면
케이크에 꽂은 촛불에 시선을 모으고
박수치며 노래했지요

오늘은 스물여덟 개의 촛불
축제의 날!
식구도 많이 늘었어요
우리의 꿈도 커졌어요
이젠 무엇이든 할 수 있어요

대륙의 경계를 넘어
우주를 품에 안아도
모자람이 없는
스물여덟 살 젊은 가슴!

심장이 뜨겁게 띕니다
2020 꿈을 담은 평화교회의 열정은
그분의 통치 아래
훨훨 춤추듯 달릴 테니까요

초심으로 다시 시작할게요, 주님!

| 발문跋文 |

그리움은 형벌입니다
- 절망에서 소망으로

박이도

나는 나에게 물었다

"억울해?"
"인생이 그런 거지 뭐"
"그런데 왜 울어?"
"그냥 눈물이 난다"
"무섭지?"
"응"
"어떤 게 무섭니?"
"상실…… 그리고 예측할 수 없는 미래……"
"혹시 죽으면?"
"편하겠지"
"떠나기 싫어?"
"아직은 머물고 싶어"

-〈그분의 손에 맡기라고〉에서

암 선고를 받은 자의 자기 독백이다. 독백은 연극에서 흔히 쓰는 화법으로 긍정적인 자아와 부정적인 자아의 통렬痛烈한 쟁론의 장을 객관화하는 방법이기도 하다. 특정 사안事案이나 문제에 대한 내적 갈등의 정체, 이에 대한 가치판단을 위한 피할 수 없는 실존적 대화이다. 그것이 생명 존재의 상징적 가치이든 실존적 가치이든 인간이 삶에서 간단없이 마주치는 숙명적인 명제들이다. 또한 문학, 철학의 영원한 명제이기도 하다.
　우리는 예상하지 못했던 고통, 불행 따위의 견디기 어려운 상황에 부딪힐 때 "왜 나인가?"Why Me?라는 도전적이고 불만불평성의 항의를 제기하게 된다.
　이때 누구에게 항의할 것인가? 분명한 대상을 찾기 어려운 문제이다. 여기서 자신의 정체성이 드러날 수밖에 없다. 내 가족이나 사회 여건에 항의할 것인가. 내 운명으로 알고 좌절하고 포기할 것인가. 아니면 하나님에게 항의할 것인가.
　김 시인은 이 작품에서 이러저러한 독백 끝에 "그분의 손에 맡기라고……" 침착하게 부정적인 자아에게 타이른다. 홀연히 다가온, 갈등하고 절망하는 그 비극성의 인생 여정에서 자신의 정체성을 알고 싶은 것, 자기 존엄성을 확인해 보고자 하는 종교적 세계관이 새 생명의 씨앗처럼 솟아난 것이다.

병실을 찾아온 고마운 사람들
나를 보고 입을 다문다
그들 눈에 스치는 근심
'저러고 살 수 있을까?'
애써 찾는 위로의 말은
"힘내세요!"
(중략)

다시 외로워진다/ 나도 따라 가고 싶어
혼자 남기 싫어/ 병실의 적막에 눌려/핑 도는 눈물
― 〈방문객〉에서

아물지 않은 상처 위에/ 다시 쏟아지는 방사선의 힘을 견디지 못해/ 입안은 수류탄이 터진 듯한 상처의 동굴이다 / 미각을 잃고/ 언어를 거두었다/ 통증은 온몸을 다스리고 / 눈물은 의지와 상관없이 흐른다(중략)

서러움도 같이 삼킨다
표정없는 얼굴에 어두움이 서리고
나를 바라보는 그이의 눈은 애처롭다
'시간이 약일까?'
― 〈침묵〉에서

이젠 꿈꾸기보다/ 비워야 버틸 수 있는 연단의 시간/
아아! 누워서 보는 하늘은 속절없이 파랗다
― 〈누워서 본 하늘〉에서

자고 싶다/아무 생각 없이 잠들고 싶다/ 욕심 없는 절규의 기도

편안한 자세로/ 편안히 잠들고 싶다 / 평안의 밤/ 주님 품 안의 안식
－〈깨어 있는 밤〉에서

잠들 수 없는 밤이 다시 오고
깊은 밤 홀로 지키며
나는 나에게 물었다
"오늘 밤은 어떻게 보낼 거야?"
"오늘은 세월 속에 박힌 기억을 꺼내 볼 거야"
－〈불면의 밤〉에서

이 시집 1부에 속한 대부분의 작품들은 병상에서의 투병 일지日誌이다. 고통과 좌절의 현실에서, 죽음과 소생의 문턱에 선 한 여인의 애절한 투병 기록이다. 비애미悲哀美가 넘쳐나는 엘리지로 승화한 시편들이다. 병마와 싸우고 마음의 상처를 치유하는 소망에 이르는 노래들이다.

병문안을 하려고 찾아 온 사람들의 표정과 인사말에서 자신의 처지를 확인하는 안쓰러움이 '다시 외로워진다/ ~/ 핑 도는 눈물'방문객에 보여지고 스스로를 자제할 수 없는 감상에 빠진다. 불가항력의 자기 자신을 드

러낸 것이다. 〈침묵〉에서 〈불면의 밤〉까지, 위에 예시한 시구들은 몸과 정신이 나약해진 상황에서 마음을 비워 "연단의 시간"누워서 본 하늘, "평안한 밤/ 주님 품 안의 안식"깨어 있는 밤과 같이 자신에 대한 연민의 정을 가장 겸허한 심정으로 하나님께 고백하고 평정심을 얻는다. 병실에 누워 세상의 모든 인연을 그리워하는 인정을 인내로 버텨가는 애절한 상황에서의 절실한 호소이다.

    병원에 있는 동안/ 군 복무하는 이등병 아들의 마음이 아플까 봐/ 성지순례 간다고 했다/ 언제 돌아오냐 묻기에/ 한 달쯤 걸릴거라 답했다

    한 달 뒤
    나를 찾는 아들의 전화를 외면할 수 없어
    "아들이야?"
    "엄마 목소리가 왜 그래?"
    "여행 다녀왔더니 이가 아파서"
    꼬치꼬치 묻는 아들에게 둘러대자
    "엠씨몽은 이빨을 다 **뽑아도** 말만 잘하는데, 뭐야?"

    두 달 뒤 아들이 휴가를 나왔다
    기가 막혀 아무 말도 못하고 꺽꺽대다
    나를 안고 우는 아들
    아빠의 어깨를 안아주는 아들

세 식구는 말이 아닌 눈물로 묻고 답했다

　　아들이 말했다
　　"엄마! 마음이 너무 아프다!"

　　나는 마음이 아픈 게 더 힘들 거 같아 미안했다
　　하지만 아들이 아닌, 남편이 아닌, 내가 아파 감사했다
　　그날 밤
　　아들의 눈물을 보며
　　나는 살아야 한다는 명분을 찾은 듯
　　하나님께 구했다
　　'하나님! 아직은 더 살아야 될 것 같아요'
　　　　　　　　　　　　　　　　　　－〈아들의 눈물〉 전문

　인간애를 다룬 한 편의 콩트가 된 시편이다. 지아비와 자식을 둔 아내의 사랑과 상대를 먼저 배려하려는 환자로서의 아름다운 이야기이다. 슬프고 어두운 사실을 인간 세상에서 가장 아름다운 삽화로 그려낸 것이 아닌가. 불가항력적인 환자로서 보여준 자신의 존재성, 그 존재감을 애절한 시로 승화한 것이다.

　"아들의 눈물을 보며/ 나는 살아야 한다는 명분을 찾은 듯", "'하나님! 아직은 더 살아야 될 것 같아요'"아들의 눈물.

　어머니로서의 모정과 인품을 시로 전하고 있다. 인간

적인 감정의 아름다운 극치를 시로 담아낸 것이다. 불현듯 닥친 죽음의 공포를 의식하는 시련 앞에서 보여준 진실된 자기표현이다. 그 표현 속에는 하나님을 믿는 자의 하늘나라에 대한 소망과 소명 의식이 시인의 심중에 의식되고 잠재되어 있음을 보게 된다.

김 시인에게 아들의 눈물은 한줄기 빛의 소명으로 다가온 것이도 하다. 말씀이 육신이 된요 1:14 사실과 같이, 즉 하나님이 인간예수으로 오신 놀라운 사실처럼, 눈앞에 다가선 아들, 격정의 눈물로 마주한 아들을 보며 "아직 더 살아야 될 것 같아요"라고 삶에의 강한 의지를 보여준다. 〈아들의 눈물〉을 보며 "주의 말씀은 내 발에 등이요 내 길에 빛이니이다"시 119:105라고 고백한 시편 기자의 찬양의 시구를 떠올리게 된다.

이처럼 이 시는 도타운 인간애를 통해 새 삶의 지향점을 아들의 눈물에서 보고 용기를 얻는 사랑과 생명의 시가 된 것이다.

>나의 가을은 이렇게 슬프게 지나가고 있다
>고통을 끌어안고 좌절의 줄타기를 한다
>
>이 결실의 계절에
>나는 모든 것을 내려놓고
>조용히 비우기로 했다

마음도 육신도 가벼이
오색 풍선으로 날고 싶다

내 고독의 말문이 열렸다
좌절 소망으로 소생하는
이 평정심을 두고
"고독, 고맙습니다"
"주님, 고맙습니다."
                    -〈고독, 고맙습니다〉의 전문

　홀연히 닥친 병마와의 투병 중에서 김 시인은 삶의 아름다운 인생철학을 터득하고 고통의 시련 끝에 신앙의 연단을 쌓은 성숙한 인간으로 거듭난 계기가 되었다. 〈고독, 고맙습니다〉를 읽으면서 얻은 나의 확신이다.

그리운 것을 지우는 일은
형벌이에요
바람만 불어도
가랑잎만 부스럭거려도
되살아나는
기억의 그 끈질긴 생명력

                    -〈그리움〉에서

이 작품은 깔끔한 한 편의 서정시이다. 동시에 신앙적 깨우침의 울림이 가슴 깊이 녹아내리는 신앙시이기도 하다. "그리운 것을 지우는 일은/ 형벌이에요" 이 한 줄의 시구는 얼마나 많은 시간을 외로움, 고독, 이별, 죽음 따위의 명제命題들로 절망과 좌절의 늪에 빠져 있었을지 알게 한다. 그 과정이 신앙의 힘으로 소생하는 힘, 생명력을 보여주는 것이 이 작품이다.

> 언어의 상실감/ 시작되는 추락의 속도/ 언제까지일까(중략)// 닫혀가는 것은 입술뿐이 아니었다/ 마음도 닫고/ 영혼의 창문도 조금씩 닫혀가고 있다(중략)// 하나님!/ 이 밤에는 연약한 여종의 언어를 만져 주옵소서/ 온전하게 하옵소서!
> ─〈나의 언어, 나의 노래〉에서

말문이 막히는 병, 말이 어눌해진 환자의 간절한 소망이 담긴 작품이다.

'3부 목양의 뜰'에서는 남편의 개척교회 시절, 성전건축을 위해 겪은 어려움이 기록화처럼 담겨 있다.

> 나 할 수 있으면 /피라도 팔까/ 장기라도 팔까/ 그러면/ 조여 오는 숨통은 트일 텐데// 아니/ 그까짓 피 얼마나 된다고/ 누룩처럼 불어나는/ 청구서는/ 비웃듯 쌓이고(중

략)// 아득한 길목에서/ 열꽃이 터진/ 남편의 입술에/ 묵은 꿀 발라주고/ 나도 꿀먹은 벙어리 된다.

-〈힘든 날〉에서

지붕도 못 덮은 골조 위에/ 찬바람 불더니/ 눈이 쌓이고/ 못질 소리 끊겼다(중략)// 한파와 상관없이/ 타는 가슴/ 불덩이 들어 있는 심장 식히며/바라보는 성전

-〈성전 건축〉에서

설계도와 상관없이/ 불쑥불쑥 터지는 돌출음/ 폭죽 같은 요란한 소리를 내고서야 맞춰지는/ 고달픈 건축 과정을 겪으며(중략)// 그러나 머지않아 아름답게 지어질 성전/ (중략)/ 우리를 거룩한 성전으로 지으시기 위해/ 아낌없이 당신의 전부를 내어주신 그 이름 앞에/ 그저 작은 모습으로 섭니다

-〈어리석은 사람〉에서

목회자의 아내로서 교회를 섬기는 사모의 신실함과 믿음의 행적 등이 시편마다 묻어 난다. 많은 시련을 딛고 광주벌에 평화교회를 개척해 세우신 이동현 목사님과 김신성 사모의 수고가 오늘의 영광을 얻은 것은 하나님의 축복, 그 자체인 것이구나 싶다. 나는 두 분의 귀에 시편 기자가 부른 성전으로 올라가는 노래를 조용히 또박또박 불러주고 싶은 심정이다.

여호와를 의지하는 자는 시온산이 흔들리지 아니하고 영원히 있음 같도다 산들이 예루살렘을 두름과 같이 여호와께서 그의 백성을 지금부터 영원까지 두르시리로다(시 125:1-2).
눈물을 흘리며 씨를 뿌리는 자는 기쁨으로 거두리로다 울며 씨를 뿌리러 나가는 자는 반드시 기쁨으로 그 곡식 단을 가지고 돌아오리로다(시 126:5-6).

김신성 시인의 〈누워서 본 하늘〉을 읽으면서 나는 몇 차례 흐느껴 울기도 하고 눈물도 훔쳐야 했다. 그녀의 인간미가 가식 없이 드러난 탓이다. 지금까지 시집에 발문이나 해설하는 평문을 많이 써 주었지만 이번처럼 나의 감성지수를 무너뜨린 시집은 없었다.

김신성 시인에겐 영육의 힐링healing 시집이 된 《누워서 본 하늘》의 출판을 축하한다. 쾌유를 빈다.

– 시인, 전 경희대학교 국어국문학과 교수

| 김신성 시집 |
누워서 본 하늘

초판 발행일 | 2012년 11월 10일

지은이 | 김신성
펴낸이 | 임만호
펴낸곳 | 창조문예사

등록 | 제16-2770호(2002. 7. 23)
주소 | 135-867 서울 강남구 삼성2동 38-13
전화 | 02)544-3468~9
FAX | 02)511-3920
E-mail | holybooks@naver.com

책임편집 | 임영주
디자인 | 임흥순
제 작 | 임성암
관 리 | 정진수 · 공미경

Printed in Korea
ISBN 978-89-94211-57-2 03810
정가 8,000원

※잘못된 책은 교환하여 드립니다.